André Marcelo M. Soares
(Organizador)

Alex Coutinho de Abreu
Claudenildo da Silva Oliveira
Daniel Henrique Rodrigues
Edis de Ataíde Pereira
Elivelton da Gama de Jesus
Evandro Gabriel Alves de Oliveira
Felippe Louback Duarte
Hugo Santiago de Albuquerque
Jéferson Costa da Matta
Jorge André Almeida Santos
João Paulo Machado da Costa
Júlio César Bastos Machado
Leandro Dantas de Medeiros
Mateus da Silva Vitorino
Matheus Barbosa dos Anjos
Mauricio Cardoso Barboza
Pedro Ivo Trindade Ferreira de Oliveira
Raphael Santos da Conceição
Ricardo Mariano Monteiro da Silva
Vinícius de Oliveira Alegria

RICHELIEU

- A teatralização de uma história política -

Editora Sapientia Fidei

© 2014 by Editora Sapientia Fidei
Niterói - RJ

Impresso nos EUA - Printed in USA
ISBN 978-1503298095

Projeto gráfico
André Marcelo M. Soares

Revisão
Maria Anna Gerk

Impressão e acabamento
Create Space

1ª edição
Dezembro de 2014

Este mundo é um teatro; os homens as figuras que nele representam, e a história verdadeira de seus sucessos uma comédia de Deus, traçada e disposta maravilhosamente pelas idades de sua Providência.

(*História do futuro*, cap. 10)

Padre António Vieira

ÍNDICE

Iluminação
Raphael Santos da Conceição
Vinícius de Oliveira Alegria

Sonoplastia
Elivelton da Gama de Jesus
Ricardo Mariano Monteiro da Silva

Cenografia
Alex Coutinho de Abreu
Claudenildo da Silva Oliveira
Felippe Louback Duarte
Hugo Santiago de Albuquerque
João Paulo Machado da Costa
Matheus Barbosa dos Anjos

La vie de Richelieu: *o roteiro da peça, 29*
André Marcelo M. Soares
Elivelton da Gama de Jesus
Jéferson Costa da Matta

PREFÁCIO

Assisti ao trabalho e gostei do que vi. Vi o resultado da parceria do professor de Filosofia Política, André Marcelo M. Soares, com os alunos do sexto período do curso. O professor teve uma iniciativa inovadora, e os alunos mostraram gostar de desafios.

A vida de Richelieu *en scène* não só foi bem agradável como fato artístico para ser visto, mas também foi instigante para a reflexão sobre um pedaço da história da Igreja e da civilização europeia.

O que apresento ao leitor são minhas impressões do fenômeno, aquilo que percebi em torno dos preparativos e da apresentação teatral, da qual este livro é uma cristalização.

Percebi o corre-corre dos jovens estudantes que prepararam a peça. Tiveram de encontrar - entre eles - quem seria o melhor ator para cada personagem: o cardeal, membros vários da vida palaciana, clérigos e nobres, sobretudo a Rainha.

A Rainha é um capítulo à parte: o ambiente da feitura e da apresentação da peça é um seminário! Uma Rainha precisou ser buscada fora do elenco seminarístico. Além disso, os seminaristas precisaram adequar-se nos horários para que a jovem atriz que a representaria pudesse entrar no grupo... Felizmente, tudo terminou bem.

O financiamento do espetáculo veio da capacidade de improvisação. Isso, porém, não indica menor solenidade dos figurinos e do cenário! Os envolvidos no projeto se desdobraram para recriar de forma convincente o ambiente da trama. Destaque para a música!

Digna de menção é a revelação dos jovens como atores. De tímidos seminaristas – não tão tímidos assim! – revelou-se um elenco interessante, com momentos de emoção contagiante. Falas solenes, gestos cheios de verdade, posturas e elementos simples que, por momentos, tiravam a plateia do real.

Se de regra recomenda-se ver o espetáculo a quem não pode ler o livro (de Luigi Pirandello), sugiro, na circunstância, aos que não viram o espetáculo, que ao menos desfrutem da obra que agora apresento!

Prof. Dr. Pe. José Otácio Oliveira Guedes
Diretor do Instituto Filosófico e Teológico do
Seminário São José (IFTSJ)

RICHELIEU
Entre a cruz e a espada

André Marcelo M. Soares

Todos os que leram sobre o cardeal Richelieu concordam, de modo geral, que sua vida foi marcada pela destreza nas estratégias de guerra e pela atuação nada virtuosa como prelado[1]. O *cardeal-soldado* foi, certamente, uma das personalidades mais importantes no cenário político da França absolutista. Entretanto, olhando para este homem, no auge de seu poder, é difícil imaginar que durante sua infância tivesse inúmeras dificuldades para sobreviver.

Armand-Jean du Plessis de Richelieu, como fora batizado, gozava de pouca saúde e possuía um semblante melancólico. Seu nascimento ocorreu em 1585 no seio de uma família da nobreza falida de Paris. Seu pai tinha no sangue a aristocracia dos 'Du Plessis Richelieu, arrogantes e mesquinhos. O avô, que havia sido pajem do rei Carlos IX, casou com Françoise de Rochechouart-Limoges, que embora pertencesse a uma das famílias mais antigas da França, era pobre e presunçosa. Quando François

---

[1] Cf. ERLANGER, P. *Richelieu*. Paris: Perrin, 1967, 3 vol.

du Plessis, pai de Armand, se casou com a burguesa Suzanne de la Porte, filha de um advogado do Parlamento de Paris, o velho ficou indignado. Afinal, François era protegido de Henrique III e não ficava bem para um nobre, ainda que fosse da pequena nobreza, contrair núpcias com uma moça sem tradição. Todavia, a situação financeira dos Richelieu fez o velho reconsiderar o casamento do filho

Em sua casa, Armand era o quinto filho de uma família de seis crianças: Françoise, Henri, Alphonse, Nicole, Armand e Isabelle. Seu pai também tinha uma filha ilegítima, Marguerite du Plessis. Como era costume na tradição nobiliárquica, os títulos, honras e glórias eram deixados para o filho varão mais velho.

Armand foi enviado para estudar no Colégio de Navarre, um dos mais renomados de Paris. De início, destacou-se pela facilidade no aprendizado e pelo espírito de liderança. Ao terminar seu período colegial, matriculou-se, com dezesseis anos, na escola militar dirigida pelo ex-embaixador Antoine de Pulvinci. Sua desenvoltura nos exercícios de equitação e nos de tiro atraiu a atenção de Pulvinci, considerado um dos melhores cavaleiros de Paris.

A situação financeira dos Richelieu que era difícil ficou ainda pior após a morte do bispo Jacques du Plessis de Richelieu, tio de Armand. Para que a família continuasse recebendo os benefícios financeiros do bispado de Luçon, doado aos Richelieu por Henrique III, era necessário que um filho se tornasse bispo de Luçon.

O irmão mais velho de Armand, Henri du Plessis, deveria suceder o tio em Luçon, mas não foi o que aconteceu. Contrariando os interesses familiares, Henri resolveu ser monge, escolhendo para si uma vida de humildade e pobreza. Armand, que era o filho mais jovem, diante da decisão de Henri e da recusa de Alphonse, o segundo mais velho, sacrificou-se e assumiu a responsabilidade de suceder seu falecido tio em Luçon. Naqueles anos, se dedicou tão extraordinariamente aos estudos que o rei Henrique IV solicitou, por meio do seu embaixador no Vaticano, uma dispensa papal para que o jovem Armand pudesse ser sagrado bispo. Viajou então para Roma, com a finalidade de completar seus estudos teológicos. Permaneceu na *cidade eterna* durante dois anos, conseguindo penetrar nos meios vaticanos e fazer-se notar pelo papa Paulo V, que tendo ouvido um de seus sermões, elogiou-o. Armand tinha na época 22 anos, mas disse ao papa ser mais velho.

Em 1607, com a idade de 22 anos, foi sagrado bispo. A seguir, regressou a Paris para defender tese de Teologia. Aos poucos foi tornando-se próximo da corte e percebendo as intrigas que ali ocorriam. Suas vestes episcopais ressaltavam sua postura imponente de militar, o que intrigava e atraia os olhares femininos. Apesar de ter conquistado a atenção e o respeito de Henrique IV, que o chamava *mon éveque* (o meu bispo), percebeu que a tentativa de impor sua presença à corte era em vão naquele momento, por isso decide retornar para Luçon, onde coloca em prática as reformas do Concílio de Trento.

Embora o bispado de Luçon fosse um dos mais pobres da França, com o auxílio de Henrique IV, Richelieu o tornou próspero, criando, inclusive, uma extraordinária biblioteca. Neste período de exílio voluntário, conheceu o frade capuchinho François Le Clerc du Tremblay, que acabou se tornando seu confidente e mentor. O *Padre José*, como ficou conhecido, entrou para a história com a alcunha de *eminência parda*. O título de *eminência*, reservado aos cardeais, refere-se a influência que exercia sobre o cardeal e *parda* é uma alusão a cor do hábito capuchino. Tremblay, contando com a cooperação de vários frades capuchinhos, comandou uma verdadeira rede de espionagem em favor de Richelieu.

Em 1610, o fanático católico François Ravaillac assassina Henrique IV, rei protestante convertido ao catolicismo. Pelo fato do seu filho, o futuro Luís XIII, ser ainda uma criança, Maria de Médicis, sua esposa, assume o trono da França. Nesta ocasião, o bispo de Luçon percebeu que a fragilidade da rainha poderia ser usada a seu favor e, por isso, decidiu retornar à Paris. Logo de início agradou a Maria de Médicis, mas a proximidade se tornou difícil pela confiança que a rainha tinha em Concino Concini, o marechal de Ancre, e sua esposa, Leonora Galigai. A solução foi se colocar à disposição de Concini, o que fez através de uma carta. Foi mal sucedido. O vaidoso marechal considerava não precisar de coisa alguma e muito menos de Richelieu, que compreendeu que adular Concini era tempo perdido. Abandonou a corte e retornou para outro exílio voluntário em Luçon.

Richelieu retorna à corte em 1615, agora como confessor de Ana da Áustria, casada com o rei de 14 anos. As dificuldades foram grandes. De um lado, nada do que fazia agradava a jovem rainha; de outro, esforçava-se incansavelmente para bajular Maria de Médicis e a confidente Leonora Galigai. Em 1616, torna-se recebeu o secretário de Estado para os negócios exteriores.

Em 1617, Luís XIII decidiu tomar as rédeas do seu reino. Para isto, resolveu eliminar Concini. Todavia, para realizar esta tarefa, o rei não dispunha de ninguém de sua confiança. Seu conselheiro, Honoré Théodore Paul Joseph d'Albert, o duque de Luynes, com quem ficava a maior parte do tempo, era demasiadamente delicado para cumprir certas ordens. Convocou, para isto, o chefe de sua guarda, um certo Vitry, e ordenou-lhe que capturasse o marechal. Acompanhando tudo da janela do palácio, Luís XIII assistiu à cena dos guardas atirando em Concini a queima-roupa, quando tentava escapar da prisão, e, a seguir, o transpassando com suas espadas. Leonora Galigai é capturada em seus aposentos e, ao perceber sua condição, tem um ataque de histeria, utilizado posteriormente para condená-la como bruxa e queimá-la publicamente.

Luís XIII envia Maria de Médicis ao exílio no castelo em Blois e Richelieu recebe de Luís XIII, por influência do duque de Luynes, a missão de espionar os passos da rainha. O bispo de Luçon procurava fazer um jogo duplo: favorecer o rei denunciando os planos da rainha contra o seu governo e, de outro lado, adulando a vaidosa Maria de Médicis. Apesar de seu esforço, Richelieu não conseguia vencer a antipatia que o rei nutria por ele. Para complicar ainda mais a situação, o duque de Luynes, por notar nele uma inteligência privilegiada e uma ambição desmedida, cria inúmeros obstáculos para que fosse nomeado cardeal. Em 1621, após a morte do duque de Luynes, Richelieu recebe a púrpura cardinalícia do papa Gregório XV.

Após a morte de seu conselheiro amado, o rei Luís XIII se achava só, isolado em seu poder. Sabia que não podia confiar em quase ninguém. Fo desse modo que percebeu a necessidade de ter ao seu lado um novo conselheiro, que fosse inteligente e tivesse poder de tomar decisões difíceis. Decide, então, fazer de Richelieu o seu primeiro-ministro.

Os Habsburgos expandiam progressivamente seu poder pela Europa[2]. Diante desta situação, Richelieu, que desejava assegurar a tranquilidade da França nas fronteiras, em 1635 entra em combate com a Espanha, de um lado da fronteira, e com a

---

[2] A monarquia austríaca de Habsburgo era católica e seus nobres ocupavam, entre outros, o trono espanhol.

Áustria, do outro. Para isto, o cardeal se aliou aos protestantes alemães que combatiam o imperador austríaco. Com objetivo semelhante se aproximou da Inglaterra. Tais manobras lhe renderam inúmeros inimigos entre os católicos franceses. Internamente, Richelieu ordena que todas as cidades francesas tenham seus muros demolidos. Aplica, assim, um terrível golpe contra a nobreza feudal. De outro lado, as divisões internas vão se intensificando na França e se tornam um obstáculo para a centralização do poder real. Com o apoio do rei Carlos I e de seu ministro George Villiers, primeiro duque de Buckingham, os huguenotes[3] se rebelam contra o rei Luís XIII.

Em 1627, Richelieu decide invadir La Rochelle[4] e para isto comanda pessoalmente o exército francês. Em 1628, Villiers é assassinado e os huguenotes ficam sem apoio. Após a vitória, Richelieu dirige seu exército para a fronteira da Espanha. A rainha Maria de Médicis, vendo o poder que Richelieu acumulava, se une ao seu outro filho, Gastão de Bourbon, o duque d'Orleães, e faz intrigas ao rei Luís XIII contra o cardeal, que escuta toda a conversa e, logo a seguir, implora ao rei que não dê ouvidos às calunias. O rei lhe assegura de sua confiança. Derrotada, Maria de Médicis retorna definitivamente para o exílio. Os outros envolvidos no ardil foram encarcerados e

---

[3] Denominação dada aos calvinistas franceses pelos seus inimigos nos séculos XVI e XVII.
[4] Com a ajuda financeira dos ingleses, que vinham pelo mar, La Rochelle, pequena cidade costeira da França, se tornou refúgio dos huguenotes.

exilados. Ocorreram outras conspirações contra Richelieu, mas não lograram sucesso. Em 1629, o cardeal recebe o título de duque.

Embora Luís XIII não tenha simpatizado com o cardeal, que mais parecia um general, o fato é que acabou reconhecendo nele as qualidades que necessitava para tornar seu governo forte. Richelieu, habilidoso no trato com o rei, conseguiu transpor o obstáculo imposto pelo temperamento sensível do monarca, tornando-se uma peça fundamental para o seu poder. Ao longo de oito anos, o *cardeal-soldado* e o *rei indeciso* se uniram com o propósito de livrar a França das ameaças de divisões internas. Richelieu logrou sucesso, encontrou em Luís XIII o melhor senhor que podia desejar e o rei encontrou nele o súdito mais leal que a França podia ter.

DESAFIOS DA PRIMEIRA MONTAGEM

La Vie de Richelieu conta os mais importantes fatos da vida de Armand Jean du Plessis, o duque e cardeal Richelieu. A peça é dividida em cinco atos que contam desde sua infância até a sua morte. A peça possui oito personagens principais (Armand du Plessis, François du Plessis, Henri du Plessis, Alphonse du Plessis, Maria de Médici, Concino Concini, Rei Luís XIII, papa Paulo V, George Villiers, Padre José e o cardeal Mazarin) e seis personagens secundários.

Direção

Mauricio Cardoso Barboza
Pedro Ivo Trindade Ferreira de Oliveira

Os trabalhos foram divididos por equipes, do seguinte modo: roteiristas, diretores, cenário, figurino, iluminação, som e contra regras. A maior parte dos atores saíram dessas equipes.

Desde o começo da preparação da peça, fez-se necessário uma atriz que desempenhasse o papel da Rainha Maria de Médici. Por isso procurou-se uma jovem que se dispusesse a vir aos ensaios para ajudar no terceiro ato. Encontraram-se muitas moças para ocupar a vaga de Rainha, porém os imprevistos ocorridos com a candidata impediam sua efetivação no papel. Por fim, Tathiana Gomes, após ter sido convidada, assumiu com galhardia o papel de mãe do Rei Luís XIII.

De modo semelhante, destaca-se a tão preciosa ajuda de Jardel Bezerra e Lucas Aguiar, que, ajudaram a preencher os papéis para os quais, nas esquipes, não haviam pessoas com os perfis necessários. Lucas assumiu o papel de chefe da guarda real, que, mesmo sendo personagem secundário, tem participação importante na trama. Jardel protagonizou Armand du Plessis quando jovem, saindo de casa para o seminário e iniciando sua vida eclesiástica.

Dentre os atores, de forma particular, destaca-se a performance do ator principal, Hugo Albuquerque, que de maneira excelente cumpriu seu papel como cardeal Richelieu. Dedicou-se aos ensaios observando atentamente o roteiro e as orientações dos diretores.

Por fim, não menos importante, destaca-se o belo trabalho dos roteiristas, que escreveram a peça em sintonia com a história dos personagens e com a construção do argumento do Prof. André Marcelo M. Soares. Considerando todos esses elementos, sem esquecer do apoio fundamental do Seminário Arquidiocesano São José e do Instituo Filosófico Teológico São José, conclui-se que os desafios da primeira montagem da peça *La Vie de Richelieu* surpreenderam positivamente a todos nós.

Roteiro

Elivelton da Gama de Jesus
Jéferson Costa da Matta

A primeira ideia foi de montar um roteiro que tivesse uma cronologia que apresentasse as fases e fatos mais importantes da vida do cardeal. Estes momentos narram sua ascensão ao poder e os empecilhos ao longo da sua carreira. Contam também o seu estado e condição em cada período de sua vida, buscando ao máximo explorar a dinâmica "de onde ele veio e até onde chegou".

A nossa fonte primária de pesquisa foi o material sobre o cardeal Richelieu elaborado pelo Prof. André Marcelo M. Soares, que serviu de argumento para o roteiro. Este marerial forneceu um panorama da história de Richelieu e uma preciosa visão sobre o contexto social, político e econômico da época. Outra fonte, de suma importância para a composição do roteiro, foi uma peça do século XIX, intitulada *Richelieu; or, the conspiracy*, tendo como autor o britânico Lord Edward George Earle Lytton Bulwer, publicado pela editora americana Harper & Brothers em 1839. Esta peça foi dividida em cinco atos, cada um relativo a uma parte da vida do cardeal, e assim também nós procedemos seguindo este mesmo modelo.

Esta peça não tem um gênero teatral absoluto como no roteiro que a inspirou, que é um drama. Mas apresenta o drama como a característica mais forte em sua composição, por oferecer aos personagens uma identidade comum, sem exageros ou deturpações de personalidade e temperamento. Há também contido no enredo traços de uma tragédia, por ser uma história que conta a busca de um homem pelo poder, sem ser uma utopia. E além disso, há características do gênero melodramático, por causa da interação dos personagens com as músicas e com público, algo que não acontece em um drama.

A elaboração deste roteiro nos serviu como um instrumento para nos ajudar a trabalhar o nosso lado criativo. É claro que houve necessidades de inserir, ao lado dos fatos históricos, elementos de ficção, para dar mais sentido ao enredo. Um bom exemplo foram os nomes do cônego da Catedral e o da namorada de Alphonse de Plessis, o irmão mais novo de Armand. Aliás, não são episódios biográficos a conversa de Armand na Catedral de Paris com um cônego e nem mesmo o fato de seu irmão mais novo ter uma namorada. Foram introduzidos diálogos que, possivelmente, jamais ocorreram entre estes personagem na vida real, como o que ocorre entre Armand e o Padre José. Também é provável que Mazarin e o Rei Luís não estivessem reunidos no momento da morte de Richelieu. Ao longo das discussões sobre o roteiro da peça ocorreram algumas modificações da sua primeira versão até esta, aqui apresentada, mas sem perder de vista a proposta inicial.

Contrarregra

Daniel Henrique Rodrigues
Jorge André Almeida Santos
Júlio César Bastos Machado
Leandro Dantas de Medeiros
Mateus da Silva Vitorino

Logo nos primeiros dias, tivemos contato com o texto da peça com toda a explicação do cenário, para que pudéssemos ter alguma noção do nosso trabalho. Usamos materiais improvisados, nos primeiros dias, para que os atores e o diretor tivessem elementos concretos que facilitassem as encenações. A atenção se voltou para o movimento dos atores e para os apontamentos do diretor, com o objetivo de marcarmos as posições e o tempo de mudança de cenários entre os atos.

Mantivemos um diálogo constante com a equipe cenográfica, para obtermos informações sobre os materiais cenográficos que deveriam ser utilizados na peça, dando também nossas sugestões para que a consciência da proporção do nosso trabalho se tornasse sempre mais presente. Exigimos que parte do material cenográfico fosse já trazido para o local dos ensaios, para dar aos atores mais realidade e conforto na ocasião de suas falas e movimentos. Isto tornou nosso trabalho melhor, tendo em vista que as mudanças de cenário ocorriam com uma noção mais precisa do tempo que teríamos para realizá-las.

Efetuamos também um estudo do espaço do palco fora dos ensaios, para aproveitarmos melhor o espaço e organizarmos a posição ideal do material durante os atos. A responsabilidade de cada membro da equipe foi determinada durante a montagem dos cenários, com o objetivo de prever seus movimentos e marcar seus lugares nos bastidores. Desde o início dos ensaios, traçamos desenhos, esboçando o mapa do palco para que, em cada dia, pudéssemos oferecer um trabalho organizado e responsável diante de todos os envolvidos com a peça.

Próximo ao ensaio final, foi realizado um treinamento apenas dos contrarregras com o intuito de aumentar a confiança dos membros da equipe, diminuir o barulho atrás das cortinas durante as trocas de cenários e checar se todos já haviam fixado suas responsabilidades e marcado bem suas posições.

Figurino

Edis de Ataíde Pereira
Evandro Gabriel Alves de Oliveira

Não foi tarefa fácil conseguir trajes da época, mas utilizando indumentárias atuais com alguns ajustes, foi possível deixar tudo próximo do original. Os figurinos mais difíceis foram os dos nobres e dos guardas, que se tornaram possíveis através de adaptações. Um bom exemplo foram as armaduras e os trajes militares do século XVII.

Iluminação

Raphael Santos da Conceição
Vinícius de Oliveira Alegria

O trabalho da equipe de iluminação durante os ensaios resumiu-se em uma pesquisa de como era a iluminação da época e de como funcionava o contexto cultural sob o foco da realeza, com seus nobres e sua riqueza. Os principais desafios foram a respeito de como seria esta iluminação.

Como a iluminação dos ambientes internos nos dias de hoje é realizada, na sua maior parte, com luz elétrica, não é fácil reproduzir num cenário a iluminação do século XVII sem que isso traga dificuldades para a atuação dos atores e para o público que assiste. Procuramos nos basear em filmes de época e em livros especializados sobre iluminação de interiores. No decorrer dos ensaios, fizemos as adaptações essenciais para que a peça pudesse transcorrer sem que fosse perdida a originalidade. Contudo, algumas mudanças foram inevitáveis, para que tudo acontecesse de maneira fiel ao texto escrito e com o objetivo final que é o aprofundamento do papel histórico e político do cardeal Richelieu.

Sonoplastia

Elivelton da Gama de Jesus
Ricardo Mariano Monteiro da Silva

O objetivo da equipe de sonoplastia é integrar a narrativa da peça, contextualizando as cenas e os atores, de acordo com o comando de ação descrito no roteiro, como também manter a continuidade das cenas e dos atos durante a transição dos mesmos, sem permitir hiatos sonoros.

Para compor a trilha sonora, foram utilizadas composições de Vivaldi, do álbum *Concerto para violino*; *Mist Du Bei Mir*, *Mild Wild Rose*, *Rondo II* e *Reigen Seliger Geister* from *Orfeo ed Euridice* dos álbuns *Introspection 2* e *Introspection 3*, de Thijs Van Leer; *Horn of Plenty*, de James Newton Howard, do álbum *The Hunger Games*; *Kyrie*, de *Angelis*, cantado pela *Schola Gregoriana Mediolanensis*; *Salve Regina*, versão Dominicana; e *Tu es Petrus*, de Giovanni Palestrina.

Durante a transição das cenas e dos atos, as faixas foram executadas em 20% de volume, no entanto, durante a ação das personagens, foram executadas somente em 5%.

Cenografia

Alex Coutinho de Abreu
Claudenildo da Silva Oliveira
Felippe Louback Duarte
Hugo Santiago de Albuquerque
João Paulo Machado da Costa
Matheus Barbosa dos Anjos

Em uma peça teatral não podemos desconsiderar o contexto responsável por inserir o espectador no tempo da história retratada. O cenário, por um lado, permite aos atores entrarem nesse tempo. Por outro, é um precioso instrumento que possibilita a plateia, durante alguns instantes, sair do *tempo real* e mergulhar no *tempo teatral*, com o propósito de tornar o espetáculo mais próximo da realidade.

Ao falarmos do cardeal Richelieu, encontramo-nos no século XVII. Neste período, era comum que os personagens trouxessem consigo velas, responsáveis por iluminar as cenas. Os cenários eram de cores opacas, sóbrias, de aspecto rústico, apesar da beleza. Não poderíamos então, deixar de lado esses elementos fundamentais, pois se assim fizéssemos estaríamos fora do texto e do contexto que nos propusemos realizar.

O roteiro da peça foi divido em cinco atos e oito cenários nos quais, de forma cronológica, a trama se desenrola desde a casa da família até o leito de morte, no seu palácio. Os objetos que compuseram estes cenários vieram do ambiente cotidiano. Móveis, louças, cortinas, quadros, imagens barrocas, castiçais antigos e os objetos religiosos foram cuidadosamente adaptados para que o espectador pudesse ser transportado para a época em que a história se passa.

Alguns atos possuíam duas cenas num mesmo espaço. Isto se deu devido ao espaço de encenação, mas permitiu a transição entre os fatos sem mudança expressiva do cenário. O primeiro ato retrata a casa simples dos Richelieu. No centro da cena, a mesa de refeições com a cadeira de cabeceira reservada ao chefe da família. Ao lado, encontrava-se um armário de madeira sobre o qual um castiçal de estanho, com uma vela consumida, inseria o espectador na penumbra daquele ambiente. As flores naturais revelavam a presença materna que, mesmo não sendo representada na cena, se manifestava nos objetos que compunham o cenário.

No segundo ato, Richelieu recebe a nomeação episcopal. Os objetos religiosos dão ao espectador uma importante referência do período histórico da Liturgia. No cenário estão a mesa de paramentação, a casula romana dobrada sobre a madeira, o arranjo beneditino de fundo e a belíssima imagem barroca da Virgem Maria sobre uma coluna de madeira. Do lado esquerdo do cenário, a imponente cátedra posta sobre o tablado revestido de camurça púrpura, ladeada por dois bancos mais baixos, revelava que alguém importante ali iria se assentar.

Ao abrir as cortinas para o terceiro ato, as colunas de mármore branco e os jarros dourados, sobre elas, faziam o espectador imaginar os parlatórios nos quais a nobreza costumava tratar de articulações políticas, negócios comerciais e das estratégias de guerra. Os arranjos com flores vermelhas se assimilavam ao longo tapete vermelho que se estendia no tablado do palco até o trono da rainha. Nesta cena, Maria de Médici, em Luçon, apresenta ao bispo suas táticas para governar no lugar do seu filho. Se até aqui os cenários retratam a vida familiar, religiosa e o fausto, nos dois últimos atos há uma ruptura.

No quarto ato, a cama, a vela gasta sobre a cabeceira e do lado oposto a cadeira e o genuflexório, que dariam ao cardeal o momento sublime do perdão, prelúdio da sua partida. No quinto ato, o cenário transmite a tristeza, a solidão e a morte. O leito é o objeto central da cena. Sobre as almofadas vermelhas descansa o corpo abatido do homem submetido aos extremos: pobreza e ostentação, doença e disposição para as batalhas, fracassos e vitórias. O último momento da vida do cardeal Richelieu foi também o último cenário.

La vie de Richelieu

O roteiro da peça

Argumento: *André Marcelo M. Soares*
Roteiro: *Elivelton da Gama de Jesus*
    Jéferson Costa Da Matta

Personagens Primários

Henri du Plessis, *irmão mais velho*
Alphonse du Plessis, *irmão mais novo*
François du Plessis, *pai de Armand*
Armand-Jean du Plessis *jovem*
Armand-Jean du Plessis *adulto*
Papa Paulo V
Rainha Maria de Médici
Concino Concini, *marechal de Ancre*
Rei Luís XIII
François Le Clerc du Tremblay, *Padre José*
Gorge Villiers, *duque de Buckingham*
Jules Mazarin, *cardeal Mazarin*

Personagens secundários

Cônego da Catedral
Guarda real I
Guarda real II
Mensageiro real
Chefe da guarda real
Guarda do duque

ATO I

Sala moderadamente adornada: no centro, mesa, cadeiras, jarra com flores, criado mudo; no fundo, porta de saída, estante com livros e quadro com o brasão da família preso à parede.
Acender das luzes.

CENA I
Int. casa do pai de Armand
(dia)

Entram Henri e Alphonse e se sentam em torno à mesa; em seguida, entra François e permanece de pé. Todos vestidos com roupas francesas simples do século XVII.

François du Plessis
(preocupado)
Tenho uma péssima notícia para dar a vocês.

Henri du Plessis
(com deboche)
Qual?! Que o senhor contraiu mais dívidas, arruinando mais nossa família?!

Alphonse du Plessis
(com tom repreensivo)

Não fale assim com o nosso pai! Só porque resolveu ser monge, não quer dizer que os problemas de nossa casa não afetam você! Não vê que ele está realmente preocupado?

François du Plessis
Fiquem quietos os dois e prestem atenção! O tio de vocês morreu, e corremos o risco de perder as terras do bispado de Luçon.

Henri du Plessis
(revoltado)
O quê?! Só me faltava mais essa... E o que nós podemos fazer para ajudar o senhor dessa vez?

François du Plessis
Creio que a melhor opção seja tornar clérigo um de vocês dois para garantir a segurança das nossas terras.

Alphonse de Plessis
Mas, pai, eu não posso ser padre... Não posso abandonar o senhor, muito menos Louise.

François du Plessis
E quem é essa tal de Louise? Você nunca falou dela antes.

Henri du Plessis
(com deboche)
É uma namoradinha que ele arranjou, ou melhor, enganou. Uma burguesa da...

Alphonse du Plessis
(irritado)
Fique quieto! Não se meta no que não é da sua conta. Por que você, então, não larga essa ideia de ser monge e se torna um bispo para nos salvar da miséria?

Henri du Plessis
(caçoando)
Não me faça rir! Você acha que vou entrar nesse jogo político de vocês? Quanto à minha ida para o mosteiro, isso tudo que está acontecendo é só mais um motivo, pois já estou farto é da miséria de vocês e desse mundo desprezível.

Henri se levanta da mesa e segue em direção à porta.

François du Plessis
(irritado)
Não dê as costas para mim, porque ainda não terminei de falar com você.

Henri du Plessis
(de costas, saindo de cena)
À bientôt.

Alphonse du Plessis
(levantando-se e acalentando o pai)
Acalme-se, pai, o senhor está muito nervoso. Sente-se aqui um pouco, pois tenho uma ideia que, com certeza, vai agradar ao senhor.

Alphonse e François se sentam à mesa.

François du Plessis
Está bem. Diga-me logo no que você está pensando.

Alphonse du Plessis
Por que o senhor não manda Armand para o seminário? Certamente, com sua inteligência, ele será capaz de se tornar bispo e senhor de Luçon e garantir nossa posse das terras.

François du Plessis
(com admiração)
Ótima ideia! Chame-o logo, para que eu possa anunciar-lhe a notícia.

Alphonse du Plessis
(gritando em direção à porta dos fundos)
Armand, venha aqui. Nosso pai quer falar com você.

CENA II
Int. casa do pai de Armand
(dia)

Entra Armand jovem na cena e se detém de pé junto
à mesa.

Armand Jovem
(com semblante desconfiado)
O que o senhor deseja?

François du Plessis
Como seu pai, é meu dever cuidar dos interesses de
nossa família. Agora que seu tio morreu, decidi que,
para o nosso bem, amanhã mesmo vou enviá-lo ao
seminário.

Armand Jovem
(com espanto)
O quê?! O senhor não pode fazer isso! Logo agora
que estou indo bem nas aulas de equitação e
esgrima... Além disso, o senhor sabe muito bem que
o meu desejo sempre foi lutar nas Forças Armadas
da França.

François e Alphonse se olham e riem sarcasticamente.

Alphonse du Plessis
(com deboche)
Não me faça rir, garoto tolo, fraco do jeito que você
é, nem mesmo vestir uma armadura você vai
conseguir.

François du Plessis
(com um sorriso irônico)
Infelizmente, sonhos como os seus não se realizam!
Prepare suas coisas, que amanhã você partirá.

François e Alphonse se levantam e saem da cena
pela porta dos fundos, rindo.

Armand Jovem
(olhando para a plateia com determinação)
Eu sei que eu serei muito importante para essa
família de nobres falidos. A partir de hoje, meu
objetivo será, então, me tornar o homem mais
poderoso do Estado: até mesmo a realeza me
adorará.

Armand jovem sai pela porta dos fundos.

Apagar das luzes, para troca de cenário.

ATO II

Sacristia: à direita, mesa de paramentação e imagens para ornamentar; Sala de audiência: à esquerda, cátedra sobre tablado, voltada para a plateia.
Acender das luzes.

CENA I
Int. sacristia
(dia)

Entram Armand adulto, com vestes de acólito, e o cônego da Catedral, com paramentos de missa. Eles retiram os paramentos enquanto conversam.

Cônego da Catedral
Benedicamus Domino.

Armand adulto
Deo gratias.

Cônego da Catedral
Padre Armand, já faz algum tempo que eu conheço o senhor, desde a época do seminário...

Armand adulto
(interrompendo o padre)

Vamos, cônego Robert, deixe de cerimônia e diga logo o que o senhor quer falar.

Cônego da Catedral
Padre Armand, a nossa nação está indo de mal a pior, com todos esses conflitos. Você acha que a rainha conseguirá comandar bem o Estado até o infante Luís poder assumir o trono?

Armand adulto
Tenho minhas dúvidas! A rainha é esperta: ela só quer centralizar o poder em suas mãos; pouco lhe importa como vai a nação.

Cônego da Catedral
E você? O que faria se estivesse no trono da França?

Armand adulto
Com certeza, a França estaria muito melhor... Mas quem sabe eu não consiga ainda fazer algo por nós?! Bom, depois eu penso nisso; hoje eu tenho uma audiência com Sua Santidade para discutir sobre o bispado de Luçon.

Cônego da Catedral
(espantado)
Não me diga que o senhor vai pedir a sagração episcopal para Sua Santidade?! Você ainda nem tem idade para isso!

Armand adulto
(bem próximo ao cônego da Catedral)

Mas ele não precisa saber disso, entendeu? O embaixador já enviou uma carta a Sua Santidade, pedindo a sagração, e ele estará hoje aqui, como o senhor já bem o sabe.

Cônego da Catedral
(com semblante de consentimento)
É claro que sim!

Armand adulto
(com satisfação)
Muito bem, mas agora preciso ir, porque tenho que me preparar.

Cônego da Catedral
Sim, vamos.

Armand adulto e o cônego da Catedral saem.

CENA II
Int. Catedral de Paris
(dia)

O papa Paulo V entra, vestido de batina branca, e se senta na cátedra. Após alguns instantes, entra Armand adulto e saúda o papa com uma genuflexão.

Armand adulto
Com licença, Santidade, eis-me aqui, conforme o combinado.

Papa Paulo V
O senhor está atrasado, padre Armand. Pensei que estivesse ansioso para conversarmos sobre o pedido que o embaixador fez a seu respeito?

Armand adulto
Com toda certeza, Santidade. É para isso que vim!

Papa Paulo V
Bom, o senhor me parece que é muito jovem, Padre Armand. Tem mesmo a idade mínima para ser sagrado bispo?

Armand adulto
Certamente. Jamais o enganaria. Aliás, meu tio já foi senhor de Luçon: conheço os desafios da diocese.

Papa Paulo V
(interrompendo a fala de Armand)

Então está bem, Padre Armand, o senhor sabe que terá muito trabalho. Mas, como vejo que tem condições, o senhor será sagrado bispo no próximo mês, de acordo?

Armand adulto
Sim. Vossa Santidade jamais se arrependerá de ter tomado tal decisão.

Armand se ajoelha diante do papa. O papa coloca o solidéu sobre a cabeça de Armand.

Papa Paulo V
(levanta-se saudando Armand)
Dominus vobiscum.

Armand adulto
Et cum spiritu tuo.

Após o cumprimento, o papa e Armand saem.

Apagar das luzes, para troca de cenário.

ATO III

Palácio real esplendidamente ornamentado: trono posicionado ao fundo e voltado para a plateia, tapete vermelho estendido ao centro, partindo do trono.
Acender das luzes.

CENA I
Int. palácio Real
(dia)

Entra a rainha, com vestes reais, acompanhada por Concino Concini, também vestido adequadamente. Ela se senta em seu trono, enquanto Concini permanece de pé à sua direita.

Rainha Maria de Médici
Concini, ouvi dizer que o bispo de Luçon governa muito bem sua diocese. O que acha de o termos como aliado?

Concino Concini
Creio que esta não seja uma boa ideia, pois devo informar a Vossa Majestade que o Bispo de Luçon é um homem muito inteligente, e devemos tomar cuidado ao consultar-lhe.

Rainha Maria de Médici
Agradeço pela sua cautela, mas no estado em que chegamos, creio que o auxílio dele poderá me trazer as boas graças do povo.

Concino Concini
(com frieza)
Entendo, se assim deseja, hoje mesmo mandarei que o mensageiro real envie uma carta ao senhor bispo de Luçon, para que ele venha ter uma audiência com Vossa Majestade.

Rainha Maria de Médici
Esta bem assim. Eu sei que meu filho nunca terá condições de governar esse povo. Devo me certificar de que o trono sempre ficará em segurança.

A rainha e Concino Concini saem da cena.

CENA II
Int. Palácio Real
(dia)

Entram a rainha Maria de Médici e Armand adulto com vestes episcopais. Ela se senta em seu trono, enquanto Armand se posiciona de pé à sua esquerda.

Rainha Maria de Médici
(com um sorriso sedutor)
O senhor realmente é muito eficiente, Dom Armand.

Armand adulto
Vossa Majestade é muito gentil, mas eu só fiz o que era meu dever como cidadão francês: servir ao Estado com devoção.

Rainha Maria de Médici
(ainda com sedução)
Quem me dera poder ter um rei como o senhor para governar ao meu lado. Certamente levaríamos a França ao seu auge.

Armand adulto
Não diga essas coisas, Majestade, meu único intuito é o bem da nação.

Os dois riem com o semblante jubiloso.

Em seguida, entram o futuro rei Luís XIII, com vestes reais, acompanhado por dois guardas reais, vestidos adequadamente, e se posicionam à direita do trono.

Rei Luís XIII
(com determinação)
Guardas, podem levá-la, pois a partir desse momento eu sou o rei da França.

Rainha Maria de Médici
(levantando-se conturbada)
Mas o que está acontecendo aqui? Que complô é este contra a minha pessoa?!

Rei Luís XIII
É isso mesmo. A partir de agora, a senhora está deposta e deve se retirar.
(voltando para os guardas)
O que estão esperando? Levem-na agora!

Rainha Maria de Médici
(com gritos)
Você e toda a corte irão me pagar por causa desta traição.

Os guardas levam a rainha para fora do cenário.

Rei Luís XIII
(com desconfiança)
Creio que não devo confiar tanto no senhor como o fez a rainha, minha mãe, mas manterei o seu cargo de Secretário da Corte para o Exterior e Guerra por

algum tempo, pois pode me ser útil. Concino Concini me disse para ter muito cuidado com o senhor.

Armand adulto
(com um sorriso falso)
Não precisa tanto, Majestade, meu objetivo sempre foi servir à nação.

Sai Armand adulto. O rei se senta no seu trono.

Apagar das luzes, para troca de cenário.

ATO IV

Quarto esplendidamente ornado: ao fundo à direita, uma cama, e à esquerda, uma cadeira e um genuflexório; ao lado da cadeira, um criado-mudo com uma vela em cima. Por cima da cama, o brasão do cardeal Richelieu.
Acender das luzes.

CENA I
Int. quarto de Richelieu
(noite)

Entram Armand Adulto, com vestes cardinalícias, e o Padre José com vestes capuchinhas.

Armand adulto
(indicando a cadeira)
Por favor, Padre José, sente-se aqui.

Padre José se senta e acende a vela. Armand se ajoelha no genuflexório.

Padre José
Que Deus esteja em seu coração, para que confesse todos os seus pecados.

Armand adulto
Em prol da nação, tive de me livrar de Concini e obrigar Sua Majestade a me conceder os títulos de cardeal e duque, somente para me tornar o homem mais poderoso da França.

Padre José
(olhando fixamente para Armand)
O senhor se arrepende dos seus pecados?

Armand adulto
(com hesitação)
Oui, Monsieur.

Padre José
(traçando o sinal da cruz)
Et ego te absolvo a peccatis tuis in nomine Patris, et Filii, et Spiritui Sancti.

Armand adulto
Amen.

Terminada a confissão, os dois se levantam e caminham em direção ao centro da cena. Armand apresenta um semblante preocupado.

Padre José
O que houve? O senhor me parece muito preocupado.

Armand adulto
É que, com tudo o que eu fiz para chegar até aqui, só obtive o ódio de toda a Corte Francesa.

Padre José
(com tom de consolação)
Mas o senhor vai fazer o quê? Esse é o preço que se paga por amar a nação.

Armand adulto
Eu sei disso... Mas tem outra situação que me incomoda.

Padre José
(entusiasmado)
Pois diga-me logo, Eminência.

Armand adulto
São esses rebeldes huguenotes. Essa facção maldita de protestantes está dividindo a nação. E isso é uma ameaça para a centralização do poder real. Tenho que dar um fim para eles.

De repente, entra o mensageiro real.

Mensageiro real
(com respiração ofegante)
Desculpe-me incomodá-los, Eminência, mas devo informar-lhe de que cercamos La Rochelle. Só estamos esperando suas ordens para derrubá-la.

Armand adulto

(com espanto)

O quê?! Mande preparar minha montaria, porque agora mesmo me encaminharei para o local.

Mensageiro real

Sim, Eminência, agora mesmo o farei.

Sai apressadamente o mensageiro real, e, logo em seguida, saem Armand adulto e o Padre José.

Apagar das luzes, para troca rápida de cenário.

CENA II
Int. quarto do duque de Buckingham
(noite)

Mudança do brasão sobre a cama, e retirada da mesa com a cadeira. Acender das luzes.
Entra o duque de Buckingham, com vestes bélicas, e se senta sobre a cama, apreensivo, e com o olhar fixo no vazio. Entra o guarda do duque e se posiciona à sua frente.

Guarda do duque
Devo informar-lhe que sua residência não é um local seguro. Vamos para outro lugar!

Duque de Buckingham
(olhando fixamente para seu guarda)
Temo que seja tarde demais!

Entram o chefe da guarda, acompanhado por dois guardas reais, e apunhala o guarda do duque pelas costas, que cai ao chão morto. Os outros dois guardas reais detêm o duque de Buckingham, que se põe de pé.

Chefe da guarda
(com sarcasmo)
Eu sabia que, sob o comando do cardeal Richelieu, nós conseguiríamos derrubá-lo.

Duque de Buckingham
(com raiva)
Vocês podem ter me derrubado, mas, um dia, a França ficará livre de toda essa sujeira, e o povo finalmente triunfará.

Guarda do duque
(com imponência)
Cale a sua boca! Esse dia nunca chegará! Enquanto Richelieu estiver à nossa frente, a família real estará segura, bem longe de suas mãos insolentes.

O chefe da guarda apunhala o duque de Buckingham no peito, que cai ao chão com gritos de dor.

Chefe da guarda
Vamos embora, porque devemos informar ao cardeal Richelieu que este idiota não vai mais incomodá-lo.

Guarda real I e guarda real II
Sim, senhor.

Os guardas reais e o chefe da guarda saem da cena.

Apagar das luzes, para troca de cenário.

ATO V

Quarto esplendidamente ornado: ao fundo à direita, uma cama. Por cima da cama, o brasão do cardeal Richelieu.
Acender das luzes.

CENA I
Int. quarto de Richelieu
(dia)

Entram Armand adulto, com vestes cardinalícias, acompanhado de Jules Mazarin, com vestes diplomáticas. Armand se apoia em Mazarin porque se sente muito debilitado. Mazarin o ajuda a deitar na cama e se senta ao lado da cama.

Armand adulto
(tossindo)
Depois que Padre José morreu "perdi minha consolação e meu único socorro, meu confidente e meu apoio". Sinto que minha hora também é chegada. Agora, só posso contar com você.

Jules Mazarin
(tomando a mão de Armand)
Certamente, meu amigo. Procure descansar, em breve o rei virá aqui para fazer-lhe uma visita.

Armand adulto
(tossindo)
Não me importo com o rei, só gostaria que alguém como eu pudesse tomar conta da França. Luís XIII não é o homem que esse povo merece.

Jules Mazarin
Concordo plenamente.

Após um instante em silêncio, entram o rei Luís XIII e se posiciona de pé ao lado da cama.

Rei Luís XIII
Eminência, gostaria que soubesse que seu discípulo, Jules Mazarin, assumirá suas funções a partir de agora.

Armand adulto
(olhando para o rei)
Ótimo, Majestade.

Armand adulto
(olhando para Jules Mazarin)
Só lhe peço uma coisa: não deixe a França sucumbir nas mãos de estultos. Esse povo precisa de um guia, assim como o rei também.

Jules Mazarin
(com determinação)
Certamente, Eminência, fique tranquilo, pois a nação estará em boas mãos.

Armand adulto
(com muita tosse)
Hum, sei... Gostaria que todos saíssem, quero ficar sozinho por alguns instantes.

Rei Luís XIII
Como desejar, Eminência, afinal, devo muito do êxito do meu reino ao senhor.

Jules Mazarin
Com sua licença.

Todos saem da cena, exceto Armand adulto.

Armand adulto
(olhando para a plateia)
Como eu prometi a vocês, até a realeza me respeita, pois sou o homem mais poderoso da França. Só gostaria que meu pai e meus irmãos pudessem me ver agora... Mas não importa, porque em breve estarei junto deles. Saibam que a maior honra para um homem é viver por sua nação, e "os únicos inimigos, que realmente eu tive, foram os do Estado".

Em seguida, Armand fecha os olhos e morre. As luzes se apagam.

FIM

SOBRE O ORGANIZADOR

André Marcelo M. Soares cursou Filosofia (1990) na Escola Teológica da Congregação Beneditina do Brasil. Possui graduação (1994), mestrado (1997) e doutorado (2000) em Teologia pela PUC-Rio. Realizou pós-doutorado em Teologia (2008), sob a supervisão da Prof.ª Dr.ª Maria Clara Lucchetti Bingemer (Departamento de Teologia da PUC-Rio); pós-doutorado em Ética Biomédica (2009), sob a supervisão do Prof. Dr. Aníbal Gil Lopes (Instituto de Biofísica Carlos Chagas Filho da UFRJ); pós-doutorado em Bioética (2010), sob a supervisão do Prof. Dr. Aníbal Gil Lopes (IBCCF/UFRJ) e com a participação do Prof. Dr. Daniel Serrão (Instituto de Bioética da Universidade Católica Portuguesa - Porto).